Ruidemberg Novaes

Convergência

Liderança da igreja para o tempo do fim

Convergência

Liderança da igreja para o tempo do fim.

De volta a Sião

Precisamos de Apóstolos, de Profetas e de Anciãos em Jerusalém. A restauração e fortalecimento da liderança da igreja não é obra para um homem só. Estamos trabalhando no resgate de uma liderança com mais de 1800 anos de história e de tradição. Os inimigos são muito fortes. Temos que ser mais fortes que eles. Essa é uma árdua tarefa para homens experimentados na fé e chamados, especificamente por Deus, para esse tempo do fim.

PREFÁCIO

Ao ler o livro "Convergência", escrito pelo meu amigo Ruidemberg Novaes, veio forte ao meu coração que ele é uma das vozes que Deus tem levantado aqui no Brasil e nas nações. Em todas as épocas nos grandes avivamentos e nas reformas da Igreja Cristã Deus revelou para o seu povo o que Ele estava fazendo. O Pr. Ruidemberg citou o versículo do livro Amos 3:7: "certamente o Senhor Deus não fará coisa alguma, sem antes ter revelado o seu segredo aos seus servos, os profetas." Porque os profetas? É a vontade do Pai que todo o seu povo ouça e entenda a sua mensagem.

Os líderes são exemplos, são referenciais, padrões para os que os seguem. Os cinco dons ministeriais existem para que a graça de cada ministério seja liberada e possa fluir para toda a igreja. Paulo, o apóstolo, em 1 Cor.14:31 estava espelhando a palavra de Moisés quando ele disse: "Oxalá que todo o povo do Senhor fosse profeta." (Num.11:29)

Os filhos da tribo Issacar, "Entendidos na ciência dos tempos, para saberem o que Israel devia fazer, duzentos de seus chefes, e todos os seus irmãos sob suas ordens." (Num.12:32)

O João Batista tinha consciência de quem ele era e de onde ele veio. Sabia que ele era o "amigo do noivo que lhe assiste, espera e ouve e alegra-se muito com a voz do noivo. Essa alegria é minha, e agora está completa".

O "pastor Rui," como a comunidade de irmãos o chama afetuosamente, é um apóstolo que age com um profundo amor pela sã doutrina dos apóstolos do Cordeiro. Como Rui, os verdadeiros apóstolos hoje em dia são pais amorosos, anciãos, experimentados e forjados na palavra de Deus que realmente estão entendendo a convergência dos cinco ministérios, e Cristo Jesus que se encontram na eternidade. É como uma família nuclear, quando um bom pai chega em casa, as vezes só seu olhar e sua presença traz segurança entre os filhos. É essa segurança que a igreja dos últimos tempos necessita através de homens como Rui.

No seu livro o Rui conseguiu convergir os cinco ministérios no propósito eterno de Deus em Ef.4:11-16. Conheço Rui há anos e é uma honra para mim de ter ele como um amigo e companheiro. Sua graça apostólica é tão visível nessas páginas como as impressões digitais de Deus e nos ensina com mais exatidão o que Deus quer que entendamos dos apóstolos dos profetas em todos os tempos. Ainda está chegando e esperamos aquele grande avivamento que todo discípulo de Cristo, deseja ver, "coisas para as quais até os anjos desejaram atentar." (1Ped.1:12) Recomendo, meu querido irmão e irmã que você leia, estude e aplique em sua vida e ministério o que Deus está falando através desse estudo.

O Rui enfatiza que não são pelos títulos e hierarquias nas igrejas que vamos ouvir a voz do Senhor em nossa geração. Deus está falando e não está como nos dias do menino Samuel quando "a palavra do Senhor era muito rara e as visões não eram frequentes". (1 Sam.3:1) Muito pelo contrário, mas será que tudo que está sendo profetizado está alinhado com os céus? Será que estamos saindo a Centralidade de Cristo por falta do entendimento em nosso tempo? A perspectiva do Rui dos fundamentos da palavra de Deus é muita precisa e essencial para a igreja do século vinte e um. Bem-vindo à unidade e à convergência!

Thomas S. Padley, Apóstolo

ÍNDICE

De volta a Sião

Todavia Davi tomou a fortaleza de Sião;

esta é a cidade de Davi. (2 Sm. 5:5)

INTRODUÇÃO

Através deste estudo vamos dar um importante passo dentro da nossa caminhada, como igreja, no caminho de volta para Jerusalém.

Uma palavra aos pastores auxiliares.

Digo ao pastor que serve ao Senhor como auxiliar no ministério de seu líder:

Você faz parte do plano de Deus para o tempo do fim. Você está sendo treinado. Guarde no seu espírito o que vai ler nestas ministrações. Não tente ensinar o que vai aprender ao seu pastor, muito menos pô-las em prática em sua igreja. Armazene para os dias futuros. Espere chegar a sua vez. Estamos trabalhando no resgate de uma liderança com mais de 1800 anos de história da igreja de Cristo. Os inimigos são muito fortes. Temos que ser mais fortes que eles.

Uma palavra a todos os príncipes da casa do Senhor.

Digo a todos os príncipes da casa do Senhor:

Todos nós temos que estar atentos, para ouvir a voz do Espírito Santo.

Nós pastores, somos uma classe treinada e acostumada a falar. Estamos habituados a ter sempre uma resposta pronta aos que nos inquirem. Rapidamente formamos juízo sobre algo que nos soa diferente e logo nos protegemos dizendo: não é bem assim. Ou: eu penso diferente.

Temos dificuldades para ouvir a quem julgamos ser menor que nós.

Pretendo até o final desta série falar sobre o modelo de liderança para a igreja para o tempo do fim na estrutura de governo dos cinco ministérios, isso inclui um pouco do que o Senhor tem me revelado sobre o retorno do governo da igreja a Jerusalém.

As palavras me foram dadas por frases por esta razão escrevi numerando os parágrafos. Algum preciso explicar para dar uma melhor interpretação do que vi e ouvi no meu espírito.

Precisamos ouvir muitas vezes, as mesmas coisas, até conseguir ouvir a voz que está dentro da voz que sai da boca do profeta de Deus.

Capítulo

Um

INICIANDO O ESTUDO

Então congregou Salomão diante de si em Jerusalém os anciãos de Israel, todos os cabeças das tribos, os chefes das casas paternas, dentre os filhos de Israel, para fazerem subir da cidade de Davi, que é Sião, a arca do pacto do Senhor. (1 Rs. 8:1)

INICIANDO O ESTUDO

Compartilhando um sonho que tive

O Sonho

No ano de 2008, eu estava, com minha esposa, hospedado na casa de um pastor amigo nosso na Flórida, numa das noites eu vi, por meio de um sonho, um salão, dentro dele estava um grupo de pessoas, todas em pé, reunidas com o seu pastor. Eu estava em pé à direita do pastor, enquanto ele ministrava para os irmãos de sua congregação, quando então, aproximou-se de mim um moço com reações que demostravam claramente que ele estava endemoniado. Eu então disse para aquele pastor: expulsa, é demônio! O pastor em vez de expulsar o demônio do rapaz começou a explicar para o grupo o que significava aquilo e o que iria acontecer a seguir.

Alguém se aproximou do rapaz para expulsar o espirito maligno, mas eu não permitir que ele fizesse isso ou que qualquer pessoa do grupo o tocasse.

A seguir, eu mesmo impus as minhas mãos sobre a cabeça do rapaz para que o moço fosse liberto. Quando fiz isso, eu senti algo semelhante a um raio que veio do alto, por traz de mim e entrou pela minha escápula direita e atravessou o meu tórax em direção ao meu coração. Eu caí instantaneamente ao chão, ficando prostrado apoiando-me com o meu joelho direito no chão e a minha perna esquerda dobrada, apoiando o meu peito sobre o joelho esquerdo. Eu fiquei ali curvado e paralisado sem condições de me mover e sem conseguir nem mesmo balbuciar qualquer palavra.

Alguns irmãos correram para cima de mim, tentando ajudar-me e pensando que o demônio tivesse saído do rapaz e entrado em mim. Eu tentava, com todo esforço, dizer a eles que eu não estava endemoniado, mas não conseguia nem mesmo mover minha boca, estava mesmo paralisado por aquele "raio".

Observei que a porta do salão dava acesso direto para a rua, consegui levantar os olhos e ver o carro do resgate chegar, os paramédicos americanos entraram e um deles empurrou uma colher com um liquido branco na minha boca, aquilo desceu na minha garganta sem que eu fizesse qualquer esforço para engolir, então consegui falar e disse, balbuciando, aos irmãos que me assistiam: O AVIVAMENTO QUE TEMOS ESPERADO CHEGOU.

Ainda prostrado e sentindo o meu corpo dolorido, olhei para o grupo de irmãos que estava ao meu derredor e vi entre eles um que era japonês, estando ainda apoiado com a mão esquerda no chão, com a mão direita apontei o meu dedo para ele e disse-lhe: O HOMEM É PÓ, DEUS É! Quando o irmão japonês ouviu isso, ele entendeu perfeitamente o que Deus estava dizendo para ele.

A ordem para aquele homem era: VÁ E FALE: O HOMEM É PÓ, DEUS É! Aquele homem saiu por aquela porta e desapareceu rapidamente, correndo pela rua numa velocidade tão grande que ninguém, que tentasse, conseguiria acompanhá-lo, ele não parava de gritar, repetindo em alta voz enquanto corria: **O homem é pó, Deus é.**

A rua, onde estava localizado o salão, continuava à direita da saída da porta, e havia uma curva à esquerda. À direita daquela curva havia um templo budista escondido por um muro muito alto que o separava da rua. Estava ali reunida uma multidão de cerca de 60 mil pessoas ao ar livre. A voz do japonês entrou lá dentro então as 60 mil pessoas, quando ouviram a voz dizendo: o homem é pó, Deus é; se converteram instantaneamente. A essa altura eu já estava na rua e observei o que estava acontecendo.

Eu entrei no templo budista, admirado e com a mão direita no queixo eu disse: como pode uma só frase fazer com que milhares de pessoas se convertam de uma só vez e instantaneamente?

Observei que algumas pessoas estavam lavando as escadas do templo, outras retiravam uma enorme estatua do Buda do altar. Um homem entrou por uma porta lateral à esquerda do altar e perguntou: cadê o povo? O que aconteceu aqui? Alguém lhe respondeu: o povo que estava aqui se converteu, aqui agora é uma igreja evangélica.

Quando levantei pela manhã todo o meu corpo estava dolorido, durante todo aquele dia eu senti dores no meu corpo porque o raio me deixara com fortes dores. Lembrei-me da experiência do profeta Daniel que ficou enfermo alguns dias por causa de sua experiência na visão que teve.

Ouvir é maior que falar. Discernir é ouvir duas vezes.

2Co 12:1 "Passarei às visões e revelações do Senhor".

Precisamos ouvir mais o Espírito Santo.

Precisamos ouvir e discernir com precisão o que o Espírito Santo está falando, hoje, às igrejas, antes de emitirmos uma opinião.

Não é difícil ouvir a voz do Espírito Santo. Difícil é interpretar corretamente o que Ele está nos dizendo.

Sabemos que a palavra de Deus é a verdades e tudo teve o seu inicio no verbo divino, Jesus Cristo, e para ele tudo se converge, Jerusalém, a Cidade do grande Rei, é o epicentro, tudo gira em torno de Jerusalém. Como uma folha seca que gira cada vez mais rápido sobre a água em rodamoinho à medida que se aproxima do ponto para onde ela é convergida, assim os acontecimentos dos fins dos tempos estão cada vez mais acelerados, por estarmos muito próximos do ponto de convergência.

O Espírito Santo está falando. Nos últimos dias, para os que estiverem com os seus ouvidos atentos a Ele, a sua voz será cada vez mais frequente e mais nítida.

Precisamos ouvir mais que falar!

Não há mais tempo para questionamentos teológicos ou posicionamentos denominacionais. A questão não é mais a "nossa" denominação. O foco único a partir de agora é a noiva do grande Rei.

Bom seria ouvirmos muitas vezes as mesmas coisas, gastar tempo meditando nelas, até conseguirmos discernir o quê o Espírito Santo está dizendo, antes de emitirmos algum parecer sobre algo "novo".

SENHOR, EU QUERO OUVIR E DISCERNIR O QUE O ESPÍRITO SANTO ESTÁ DIZENDO À MINHA GERAÇÃO!

Capítulo

Dois

SOBRE REVELAÇÕES QUE RECEBEMOS

Então Davi, com todo o Israel, partiu para Jerusalém, que é Jebus; e estavam ali os jebuseus, habitantes da terra. E disseram os habitantes de Jebus a Davi: Tu não entrarás aqui. Não obstante isso, Davi tomou a fortaleza de Sião, que é a cidade de Davi. (1 Cr. 11:4-5)

SOBRE REVELAÇÕES QUE RECEBEMOS

Deus não dá a uma única pessoa uma revelação completa.

Nenhuma revelação que afeta uma sociedade positivamente ou negativamente é liberada de uma só vez, numa mesma época, a uma única pessoa.

Uma revelação significativa é liberada aos poucos, ás vezes com séculos de intervalo entre elas.

Uma revelação liberada no presente completa outra dada no passado. Para conseguirem discernir sobre o quê o Espírito Santo está dizendo à sua geração os novos pregadores precisam juntar as revelações proclamadas por seus ancestrais às revelações que eles recebem no presente século.

Há revelações que são liberadas a um grupo em um tempo específico, outras porem são liberadas para todo o corpo de Cristo, em toda terra. Exemplo: Para que as revelações do livro do apocalipse fossem liberadas Deus deu primeiro as revelações escritas nos livros do Pentateuco, Salmos, profetas e depois se revelou através de Jesus Cristo. A revelação da palavra escrita (a bíblia) veio por cerca de quarenta diferentes escritores num espaço de cerca de mil e seiscentos anos.

Precisamos aprender a ajuntar as revelações recebidas para entendermos o quê o Espírito Santo está nos ensinando no todo e não tomá-las individualmente para transformá-las numa nova denominação.

O que o Senhor estava dizendo à igreja quando: Deu aos adventistas a revelação da iminente volta de Jesus Cristo a terra? Ou quando a Igreja do evangelho quadrangular proclamou o Cristo que salva, cura, batiza com o

Espírito Santo e voltará? E quanto à revelação do governo presbiteriano? As igrejas pentecostais dando ênfase no poder de Deus? O batismo por imersão dos Batistas? O governo apostólico, hoje se espalhando em todo o mundo. A revelação da estrutura do governo da igreja com ênfase nos cinco ministérios?

Quando analisadas individualmente, nenhuma dessas é uma revelação completa, mas no conjunto poderemos entender com mais precisão o que o Espírito Santo está nos ensinando.

PALAVRAS RECEBIDAS

Fortaleza, madrugada do dia 21/05/2009

Em Maio de 2009 estava com minha esposa num hotel em Fortaleza. Na madrugada do dia vinte e um o Espírito do Senhor começou a falar no meu espírito de uma maneira como nunca havia experimentado. Ele me deu quatro textos e começou a falar comigo dentro deles e eu sabia que não era algo para a igreja onde sirvo, era para o corpo de Cristo.

O primeiro texto foi Isaias 40:3-4:

"Eis a voz do que clama: Preparai no deserto o caminho do Senhor; endireitai no ermo uma estrada para o nosso Deus. Todo vale será levantado, e será abatido todo monte e todo outeiro; e o terreno acidentado será nivelado, e o que é escabroso, aplanado".

O segundo texto foi Mat 3:3:

"Porque este é o anunciado pelo profeta Isaías, que diz: Voz do que clama no deserto; Preparai o caminho do Senhor, endireitai as suas veredas".

O terceiro texto foi Êxodo 16:14-24:

"Quando desapareceu a camada de orvalho, eis que sobre a superfície do deserto estava uma coisa miúda, semelhante a escamas, coisa miúda como a geada sobre a terra."

"E, vendo-a os filhos de Israel, disseram uns aos outros: Que é isto? porque não sabiam o que era. Então lhes disse Moisés: Este é o pão que o Senhor vos deu para comer."

"Isto é o que o Senhor ordenou: Colhei dele cada um conforme o que pode comer; um gômer para cada cabeça, segundo o número de pessoas; cada um tomará para os que se acharem na sua tenda."

"Assim o fizeram os filhos de Israel; e colheram uns mais e outros menos."

"Quando, porém, o mediam com o gômer, nada sobejava ao que colhera muito, nem faltava ao que colhera pouco; colhia cada um tanto quanto podia comer."

"Também disse-lhes Moisés: Ninguém deixe dele para amanhã."

"Eles, porém, não deram ouvidos a Moisés, antes alguns dentre eles deixaram dele para o dia seguinte; e criou bichos, e cheirava mal; por isso indignou-se Moisés contra eles."

"Colhiam-no, pois, pela manhã, cada um conforme o que podia comer; porque, vindo o calor do sol, se derretia."

Mas ao sexto dia colheram pão em dobro, dois gômeres para cada um; pelo que todos os principais da congregação vieram, e contaram-no a Moisés.

"E ele lhes disse: Isto é o que o Senhor tem dito: Amanhã é repouso, sábado santo ao Senhor; o que quiserdes assar ao forno, assai-o, e o que quiserdes cozer em água, cozei-o em água; e tudo o que sobejar, ponde-o de lado para vós, guardando-o para amanhã."

"Guardaram-no, pois, até o dia seguinte, como Moisés tinha ordenado; e não cheirou mal, nem houve nele bicho algum."

O terceiro texto foi Marcos 16:15-18:

"E disse-lhes: Ide por todo o mundo, e pregai o evangelho a toda criatura.

"Quem crer e for batizado será salvo; mas quem não crer será condenado.

E estes sinais acompanharão aos que crerem: em meu nome expulsarão demônios; falarão novas línguas;

pegarão em serpentes; e se beberem alguma coisa mortífera, não lhes fará dano algum; e porão as mãos sobre os enfermos, e estes serão curados".

Primeira Palavra.

No texto: "Voz do que clama no deserto. Endireitai os caminhos do Senhor. Aterrai os vales. Aplanai os montes", Ele falou comigo, por frases, as frases estão relacionadas abaixo e separadas por aspas, conforme eu as ouvi que são as seguintes:

"O foco não é o profeta que clama no deserto. O foco é a voz".

"Daí ouvidos à voz".

"Quem tem ouvidos ouça".

"Quem quiser, saia de sua casa e vá até onde se possa ouvir a voz".

(Eu entendi que a voz estava falando a respeito da disposição que o povo teve de sair de suas casas para ir até o deserto para ouvir a João Batista)

"Ouvir é maior que ver".

"Não precisamos ver, precisamos ouvir".

"Não precisamos ver o profeta".

(Nesse momento eu me lembrei de Naamã que não precisou ver o profeta Eliseu para ser curado).

"Precisamos ouvir".

"Precisamos ouvir a voz que está dentro da voz que sai da boca do profeta".

Foi impressionante, os versículos bíblicos tinham vida e a voz saía de dentro deles, como quando olhamos para uma pessoa e vemos a voz sair da boca dela enquanto ela fala. A palavra continuou falando comigo, como se fosse uma pessoa falando ela disse:

"Aterrar os vales e aplanar os montes fala de equilíbrio, de planície, alinhamento no governo da igreja, fala dos cinco ministérios funcionando simultaneamente, cada um por sua vez desempenhando a sua verdadeira função no corpo".

(Lembrei-me da visão de Ezequiel: Cada osso ligado às suas respectivas juntas. Ezequiel 37 com Efésios 4. Cada membro da igreja de Cristo treinado e equipado e exercendo a sua função no corpo debaixo do governo dos cinco ministérios.

Segunda Palavra.

Permaneci calado durante quase todo o tempo em que durou aquela maravilhosa experiência. Meus pensamentos mergulharam em cada frase como se elas fossem um grande oceano, quando vinha outra frase eu retornava para novamente mergulhar na frase seguinte. As frases surgiam com intervalos, talvez de segundos ou de minutos entre uma e outra, não posso precisar nem mesmo sei dizer quantos minutos ou quantas horas estive quase que paralisado sobre a cama naquela madrugada ouvindo a voz sair de dentro desses textos.

No texto de Êxodo Capitulo 16, Ele disse:

"O maná caía todos os dias".

"Cada pessoa tinha que apanhar a sua porção para aquele dia".

"Se alguém não saísse de sua casa para colher a sua porção ficava sem comer naquele dia e noite".

"Se alguém colhesse acima do que pudesse consumir, apodrecia".

"Quem colhia menos não era saciado plenamente".

(Neste ponto o Senhor falava sobre nós, hoje)

"Cada pessoa tem que sair a busca da sua porção diária".

Terceira Palavra

No texto de Marcos 16:15-20 eu não ouvi a voz, mas o texto pulsava em minha mente ligando os cinco ministérios à missão de quem obedece o "Ide" de Jesus, conforme procurei descrever abaixo:

Sobre nossa vocação e chamado dentro do governo dos cinco ministérios Ele me fez compreender:

1. Como **discípulo** eu **obedeço ao chamado** do meu mestre. "Vinde após mim" e "Eu vos escolhi".

2. Como **apóstolo** eu **obedeço ao ide** do meu Senhor. "Ide por todo o mundo".

3. Como **profeta** eu **assumo a identidade de Jesus**. "se beberem alguma coisa mortífera". "Quem vos recebe, a mim recebe".

4. Como **evangelista** eu **executo a missão de Jesus**. "buscar e salvar o perdido".

5. Como **pastor** eu **realizo o trabalho de Jesus**, seguindo o seu exemplo. "o bom pastor dá a sua vida pelas suas ovelhas".

6. Como **mestre** eu **cumpro o propósito de Jesus**. "Fazer discípulos de todas as nações".

Quarta Palavra.

Sobre os futuros apóstolos, profetas, evangelistas, pastores e mestres.

Naquela madrugada, essas palavras repassavam em minha mente como se estivessem sendo esculpidas no meu espírito com ponteiros de fogo, eu senti a minha cabeça rodopiando sobre o meu pescoço como se fosse um pião gigante. Durante esse processo eu quase não falei, estava extasiado demais com o que eu estava ouvindo, eu queria entender bem e não perder nenhuma daquelas palavras, mas me lembro de ter feito uma pergunta: Senhor, onde estão os futuros apóstolos, profetas, evangelistas, pastores e mestres?

A resposta veio como se na minha mente eu dialogasse com alguém incumbido da mesma missão: a resposta foi:

*"**Estão nas boates, nos clubes, nos crimes, nas praias, temos que tira-los de lá**".*

Ao ouvir esta declaração eu lembrei que Jesus achou Saulo envolvido com a política e com religião de sua nação e fez dele um apóstolo. Achou Mateus, um cobrador de impostos, fez dele um profeta.

Achou Pedro, um pescador, fez dele um evangelista.

Achou João, também um pescador, fez dele um pastor.

Achou Lucas, um médico. Fez dele um mestre.

Vi também em Marcos 16:15-18 e em Mateus 28:20:

"Ide por todo mundo": Missão do apóstolo.

"pregai o evangelho a toda criatura": Missão do evangelista.

"Batizando-as": Função do pastor.

"ensinando-as": Função do mestre.

"se alguma coisa mortífera beberem" – missão do profeta.

A IGREJA DORME

As dez virgens saíram ao encontro do noivo, mas ele não apareceu no tempo que elas julgaram.

Todas adormeceram. A igreja está dormindo. Há alguém que não poderá dormir. O que vai dar o brado: Eis o noivo. Este será a trombeta de Deus na terra. Não são muitos os que vão estar nessa posição, poucos estarão atentos. Você está sendo convocado para essa missão: proclamar eis o noivo.

3. Temos que ouvir o Espírito dizendo: "vem".

4. A igreja tem que unir a sua voz, à voz do Espírito e, em uníssono, com Ele dizer: "vem".

5. É urgentíssimo ouvir e discernir a voz do Espírito.

Capítulo

Três

É TEMPO DE DEDICARMO-NOS À PRÁTICA DE EFÉSIOS CAPÍTULO QUATRO

"E a ti, ó torre do rebanho, outeiro da filha de Sião, a ti virá, sim, a ti virá o primeiro domínio, o reino da filha de Jerusalém."

Malaquias, Profeta

É TEMPO DE DEDICARMO-NOS À PRÁTICA DE EFÉSIOS CAPÍTULO QUATRO

ANÁLISE COMIGO EFÉSIOS 4:1-16

V.1 - *Andeis como é digno da vocação* - Cada crente, seja líder na sua igreja ou não, tem que mover-se, agir, andar, dentro da sua própria vocação e chamado.

V.2 - *Com toda a humildade e mansidão, com longanimidade* -Humildade, mansidão, longanimi-dade são virtudes que tem de estar plenamente integradas ao comportamento do homem de Deus.

Suportar uns aos outros em nome do amor. Sem essas coisas básicas, quem está acostumado a dar ordens não conseguirá obedecer.

V.3-6 - *Há um só corpo e um só Espírito* - Guardar, proteger, manter a unidade do Espírito entre os crentes de diferentes culturas e denominações será o cumprimento das palavras de Jesus em João 13:35.

Não estamos longe de alcançarmos a nível mundial, entre as diferentes denominações, o pleno entendimento, para aceitarmos em unanimidade que há: Um só corpo. (uma só igreja) Um só Espírito. Uma só esperança. Um só Senhor. Uma só fé. Um só batismo. Um só Deus e Pai.

V7-10 - *A cada um de nós foi dada a graça conforme a medida do dom de Cristo* - Cada um de nós recebe de Cristo uma porção do seu dom.

Os versículos seguintes ficam ainda mais claros quando lidos na ordem inversa.

Começando do versículo dezesseis para o onze:

Verso 16 - O *corpo inteiro bem ajustado* - O alvo, o objetivo final e único é o crescimento da noiva de Cristo até que ela alcance a estatura da sua plenitude. Para tal é necessário:

A sua edificação, que é feita em amor.

Entender que sem amor o aumento do corpo não faz sentido, porque Deus é amor.

Cada parte do corpo tem que estar devidamente ajustado, com todas as suas juntas em perfeita operação e cooperação.

Verso 15 - *Cresçamos em tudo* - Cada parte do corpo tem que crescer simultaneamente e proporcionalmente à sua função até que cada membro atinja o tamanho proporcional à cabeça do corpo do qual ele faz parte.

Verso 14 - Não mais sejamos meninos, inconstantes - A noiva tem que tirar as fraldas, as vestes de meninas e cobrir-se com vestes de moça adulta. Tem que deixar para traz:

Verso 13 - *Até que todos cheguemos à unidade da fé e do pleno conhecimento do Filho de Deus* - O alvo tem que ser perseguido até que seja alcançado.

A inconstância. Crentes volúveis, não assumem e não se firmam na sua verdadeira identidade. Os ventos doutrinários. Crentes que não são guiados pelo Espírito, são guiados por suas emoções. O espírito de engano. Deixar de seguir homens astuciosos e fraudulentos que em nome do evangelho levam muitos a buscar a Mamom, em vez de ao Senhor.

Verso 12 - *o aperfeiçoamento dos santos, para a obra do ministério* - Os crentes têm que ser treinados e aperfeiçoados para:

- Realizarem a obra do ministério.
- Edificarem o corpo de cristo.

- Todos chegarem à unidade da fé.
- Todos alcançarem o pleno conhecimento do filho de Deus.
- Todos alcançarem a condição de varão perfeito.
- Todos alcançarem a medida completa de cristo.

Verso 11 - *E ele deu uns como* - Para que isso seja possível é necessário que seja levantado um exército de:

Mestres. Para ensinarem aos crentes a serem discípulos do Senhor.

Pastores. Para manterem a unidade do rebanho e curar as suas feridas.

Evangelistas. Para buscarem os perdidos e introduzi-los na igreja.

Profetas. Para trazerem fortalecimento à igreja e revelar a morte na panela.

Apóstolos. Para plantarem igrejas além-fronteiras e estabelecerem nelas os fundamentos doutrinários.

Capítulo

Quatro

PRECISAMOS DE APÓSTOLOS, DE PROFETAS E DE ANCIÃOS EM JERUSALÉM.

"Mas tendes chegado ao Monte Sião, e à cidade do Deus vivo, à Jerusalém celestial, a miríades de anjos; à universal assembleia e igreja dos pri-mogênitos inscritos nos céus, e a Deus, o juiz de todos, e aos espíritos dos justos aperfeiçoados; e a Jesus, o mediador de um novo pacto, e ao sangue da aspersão, que fala melhor do que o de Abel."

Escritor aos hebreus

PRECISAMOS DE APÓSTOLOS, DE PROFETAS E DE ANCIÃOS EM JERUSALÉM.

Jz. 21:25 Naqueles dias não havia rei em Israel; cada um fazia o que parecia bem aos seus olhos.

ALGUNS PARALELOS ENTRE ISRAEL E A IGREJA.

Os doze patriarcas de Israel apontavam para os doze apóstolos do Cordeiro e juntos apontavam para a Jerusalém Celeste. Ap. 21:12-13.

Jacó, pai dos doze patriarcas, profetizou que o seu filho Dan desempenharia contra Israel, o mesmo papel que Judas, um dos doze apóstolos do cordeiro, desempenhou contra Cristo.

Gen 49:16 Dã julgará o seu povo, como uma das tribos de Israel.

Gen 49:17 Dã será serpente junto ao caminho, uma víbora junto à vereda, que morde os calcanhares do cavalo, de modo que caia o seu cavaleiro para trás. Gen 49:18 A tua salvação tenho esperado, ó Senhor!

Dan não foi incluído entre as doze tribos assinaladas em apocalipse capítulo sete. Em seu lugar foi mencionado Manassés, filho de José.

Apoc. 7:6 da tribo de Aser, doze mil; da tribo de Naftali, doze mil; da tribo de Manassés, doze mil;

Algo semelhante foi dito acerca de Judas Iscariotes: At. 1:20. Porquanto no livro dos Salmos está escrito: Fique deserta a sua habitação, e não haja quem nela habite; e: Tome outro o seu ministério.

No monte Sinai (também conhecido como Monte Horeb ou Jebel Musa, que significa "Monte de Moisés" em árabe situado no sul da península do Sinai, no Egito) Deus celebrou uma aliança com Israel e entregou-lhe as tábuas da Lei.

Exo 24:4 Então Moisés escreveu todas as palavras do Senhor e, tendo-se levantado de manhã cedo, edificou um altar ao pé do monte, e doze colunas, segundo as doze tribos de Israel,

Exo 24:5 e enviou certos mancebos dos filhos de Israel, os quais ofereceram holocaustos, e sacrificaram ao Senhor sacrifícios pacíficos, de bois.

Exo 24:6 E Moisés tomou a metade do sangue, e a pôs em bacias; e a outra metade do sangue espargiu sobre o altar.

Exo 24:7 Também tomou o livro do pacto e o leu perante o povo; e o povo disse: Tudo o que o Senhor tem falado faremos, e obedeceremos.

Exo 24:8 Então tomou Moisés aquele sangue, e espargiu-o sobre o povo e disse: Eis aqui o sangue do pacto que o Senhor tem feito convosco no tocante a todas estas coisas.

Exo 24:9 Então subiram Moisés e Arão, Nadabe e Abiú, e setenta dos anciãos de Israel,

Exo 24:10 e viram o Deus de Israel, e debaixo de seus pés havia como que uma calçada de pedra de safira, que parecia com o próprio céu na sua pureza.

Exo 24:11 Deus, porém, não estendeu a sua mão contra os nobres dos filhos de Israel; eles viram a Deus, e comeram e beberam.

Exo 24:12 Depois disse o Senhor a Moisés: Sobe a mim ao monte, e espera ali; e dar-te-ei tábuas de pedra, e a lei, e os mandamentos que tenho escrito, para lhos ensinares.

Exo 24:13 E levantando-se Moisés com Josué, seu servidor, subiu ao monte de Deus,

Exo 24:14 tendo dito aos anciãos: Esperai-nos aqui, até que tornemos a vós; eis que Arão e Hur ficam convosco; quem tiver alguma questão, se chegará a eles.

Exo 24:15 E tendo Moisés subido ao monte, a nuvem cobriu o monte.

Exo 24:16 Também a glória do Senhor repousou sobre o monte Sinai, e a nuvem o cobriu por seis dias; e ao sétimo dia, do meio da nuvem, Deus chamou a Moisés.

Exo 24:17 Ora, a aparência da glória do Senhor era como um fogo consumidor no cume do monte, aos olhos dos filhos de Israel.

Exo 24:18 Moisés, porém, entrou no meio da nuvem, depois que subiu ao monte; e Moisés esteve no monte quarenta dias e quarenta noites.

Foi no monte Sião, em Jerusalém, que o Senhor Jesus semelhante ao que Deus fez no Sinai, celebrou a nova aliança no seu sangue.

O primeiro concerto foi celebrado no monte Sinai, um monte da palestina que corresponde a Jerusalém da terra, mas o segundo concerto foi celebrado no monte Sião.

Gal 4:24 O que se entende por alegoria: pois essas mulheres são dois pactos; um do monte Sinai, que dá à luz filhos para a servidão, e que é Agar.

Gal 4:25 Ora, esta Agar é o monte Sinai na Arábia e corresponde à Jerusalém atual, pois é escrava com seus filhos.

Gal 4:26 Mas a Jerusalém que é de cima é livre; a qual é nossa mãe.

8.Temos que considerar que Sinai é o monte do Israel físico, mas Sião é o monte do Israel espiritual (a igreja)

Heb 12:18 Pois não tendes chegado ao monte palpável, aceso em fogo, e à escuridão, e às trevas, e à tempestade,

Heb 12:19 e ao sonido da trombeta, e à voz das palavras, a qual os que a ouviram rogaram que não se lhes falasse mais;

Heb 12:20 porque não podiam suportar o que se lhes mandava: Se até um animal tocar o monte, será apedrejado.

Heb 12:21 E tão terrível era a visão, que Moisés disse: Estou todo aterrorizado e trêmulo.

Heb 12:22 Mas tendes chegado ao Monte Sião, e à cidade do Deus vivo, à Jerusalém celestial, a miríades de anjos;

Heb 12:23 à universal assembleia e igreja dos primogênitos inscritos nos céus, e a Deus, o juiz de todos, e aos espíritos dos justos aperfeiçoados;

Heb 12:24 e a Jesus, o mediador de um novo pacto, e ao sangue da aspersão, que fala melhor do que o de Abel.

9.Como diz o conhecido hino do cantor cristão:

1

Óh filhos de Sião
Honrai o Rei dos reis
Louvores altos lhe cantai
Guardai as santas leis

Coro

Sião é a nossa santa e gloriosa cidade
Também perene morada
Dos crentes em nosso Jesus

2

Os que do mundo são
A Deus não dão louvor
Mas, filhos do celeste Rei

Louvai ao Salvador

3

Dos montes de Sião
Provêm delícias tais
Que de prazer nos enchem mais
Que gozos terreais

4

Óh, venham-no louvar
Os que seus filhos são
E se ergam já a demandar
Às plagas de Sião.

10. O povo de Israel serviu ao Senhor por todo o tempo em que Josué e os anciãos que o assistiram estiveram vivos, após isso o povo se corrompeu:

Jz. 2:7 O povo serviu ao Senhor todos os dias de Josué, e todos os dias dos anciãos que sobreviveram a Josué e que tinham visto toda aquela grande obra do Senhor, a qual ele fizera a favor de Israel.

Jz. 2:11 Então os filhos de Israel fizeram o que era mau aos olhos do Senhor, servindo aos baalins.

11.Semelhantemente, enquanto os apóstolos viveram a igreja esteve bem, mas já no final do primeiro século, estando o apostolo João ainda vivo, um vento de falsas doutrinas e falsos apóstolos começou a soprar sobre a igreja - Apocalipse capítulos, dois e três.

12.Israel resistiu por alguns séculos, até que, em cumprimento às profecias proferidas principalmente pelo profeta Jeremias, foi levado cativo para Babilônia e lá ficou por setenta anos consecutivos, sem saber o que estava acontecendo com uns poucos de pobres e escravos que havia ficado para traz.

Jer 15:14 E farei que sirvas os teus inimigos numa terra que não conheces;

porque o fogo se acendeu em minha ira, e sobre vós arderá.

Dan 9:2 no ano primeiro do seu reinado, eu, Daniel, entendi pelos livros que o número de anos, de que falara o Senhor ao profeta Jeremias, que haviam de durar as desolações de Jerusalém, era de setenta anos.

13. Igreja não conseguiu resistir mais que três séculos. Constantino I, também conhecido como Constantino Magno ou Constantino, o Grande, foi um imperador romano, proclamado augusto pelas suas tropas em 25 de julho de 306 e governou uma porção crescente do Império Romano até a sua morte. Ele desconectou a igreja de judaica e a conectou ao paganismo. Dessa forma a igreja foi levada ao cativeiro babilônico espiritual, conforme profetizado pelos profetas e pelos apóstolos do cordeiro profetas.

2Pe 2:1 Mas houve também entre o povo falsos profetas, como entre vós haverá falsos mestres, os quais introduzirão encobertamente heresias destruidoras, negando até o Senhor que os resgatou, trazendo sobre si mesmos repentina destruição.

2Pe 2:2 E muitos seguirão as suas dissoluções, e por causa deles será blasfemado o caminho da verdade;

2Pe 2:3 também, movidos pela ganância, e com palavras fingidas, eles farão de vós negócio; a condenação dos quais já de largo tempo não tarda e a sua destruição não dormita.

1Ti 4:1 Mas o Espírito expressamente diz que em tempos posteriores alguns apostatarão da fé, dando ouvidos a espíritos enganadores, e a doutrinas de demônios,

1Ti 4:2 pela hipocrisia de homens que falam mentiras e têm a sua própria consciência cauterizada, Miq. 4:10 Sofre dores e trabalha, ó filha de Sião, como a que está de parto; porque agora sairás da cidade, e morarás no campo, e virás até Babilônia. Ali, porém serás livrada; ali te remirá o Senhor da mão de teus inimigos.

14.   O retorno dos judeus à terra santa representa o retorno da igreja aos princípios do governo de Sião.

Zec 2:7 Ah! Escapai para Sião, vós que habitais com a filha de Babilônia.

Zec 2:8 Pois assim diz o Senhor dos exércitos: Para obter a glória ele me enviou às nações que vos despojaram; porque aquele que tocar em vós toca na menina do seu olho.

Zec 2:9 Porque eis aí levantarei a minha mão contra eles, e eles virão a ser a presa daqueles que os serviram; assim sabereis vós que o Senhor dos exércitos me enviou.

Zec 2:10 Exulta, e alegra-te, ó filha de Sião; pois eis que venho, e habitarei no meio de ti, diz o Senhor. Zec 2:11 E naquele dia muitas nações se ajuntarão ao Senhor, e serão o meu povo; e habitarei no meio de ti, e saberás que o Senhor dos exércitos me enviou a ti.

Zec 2:12 Então o Senhor possuirá a Judá como sua porção na terra santa, e ainda escolherá a Jerusalém. Zec 2:13 Cale-se, toda a carne, diante do Senhor; porque ele se levantou da sua santa morada.

Por analogia podemos dizer:

1. Os católicos têm "apóstolos" em Roma, os mulçumanos têm "apóstolos" em Meca. É necessário que a igreja do Senhor Jesus tenha apóstolos, profetas e anciãos no monte Sião, em Jerusalém.

2. A aliança feita no **Sinai**, um monte na Arábia, corresponde à Jerusalém. (Gl. 4:22-31.)

Mas a igreja está ligada ao concerto do monte **Sião**. Sião é o nosso monte e não o Sinai. Somos os filhos da promessa. (Hb. 12:18-24.)

2. Em alguns textos bíblicos as expressões "filhos ou filhas de Sião" referem-se à igreja. Hb.12:22-24. Jl. 2:1-32

3. O governo da filha de Jerusalém, (a igreja) foi profetizado.

*Mq. 4:1 Mas **nos últimos dias** acontecerá que o monte da casa do Senhor será estabelecido como o mais alto dos montes, e se exalçará sobre os outeiros, e a ele concorrerão os povos.*

*Mq. 4:2 E irão muitas nações, e dirão: Vinde, e subamos ao monte do Senhor, e à casa do Deus de Jacó, para que nos ensine os seus caminhos, de sorte que andemos nas suas veredas; porque **de Sião sairá a lei**, e de Jerusalém a palavra do Senhor. (Ver Mq. Cap. 4 a 5).*

4. O governo da filha de Jerusalém começou com os doze apóstolos do cordeiro. At.2, 6, 8, 15, etc.

5. Paulo informa ter subido a Jerusalém aos três anos e depois aos dezessete anos após sua conversão. Àquela altura Paulo já não teria encontrado lá muitos apóstolos, mas o governo da igreja ainda estava em Jerusalém. Tiago, Pedro e João foram mencionados por Paulo como sendo as colunas da igreja. Gl. 1:17-19, Gl.2:1-14.

6. Aos poucos os apóstolos foram se dispersando. Em Gálatas capitulo dois vemos Pedro a cerca de 1.000 km. de distancia de Jerusalém, em Antioquia, sendo repreendido por Paulo.

7. Vemos no novo testamento fortes indícios do enfraquecimento da liderança da igreja. A forte perseguição destituiu o governo dos apóstolos.

8. Pedro em Antioquia é repreendido por Paulo. Gl. 2:11-12

9. João detectou um "líder" chamado *"Diótrefes, que gosta de ter entre eles a primazia, não nos recebe".* 3Jo. 1:9

10. Muitos se fazendo de apóstolos. AP. 2:2

11. A entrada na igreja de falsos mestres, de pessoas que fizeram dos crentes uma mercadoria. 2Pd. 2:1-3

12. A essa altura, o governo da igreja foi levado para Babilônia.

Semelhante ao que aconteceu com Israel na época do profeta Jeremias, a igreja também foi levada para babilônia, perdeu a sua "arca da aliança" e Constantino oficializou o casamento dela com o paganismo. A igreja então mergulhou na cultura, filosofia e idolatria Grega e Romana. Somos a última geração dos profetas do cativeiro, estamos conduzindo o povo de volta a Sião. "Sião é a nossa santa e gloriosa cidade, também a perene morada dos crentes em nosso Senhor".

Miqueias:

Mq. 4:1 Mas **nos últimos dias** acontecerá que **o monte da casa do Senhor** será estabelecido como o mais alto dos montes, e se exalçará sobre os outeiros, e a ele concorrerão os povos.

Mq. 4:2 E irão muitas nações, e dirão: Vinde, e subamos ao monte do Senhor, e à casa do Deus de Jacó, para que nos ensine os seus caminhos, de sorte que andemos nas suas veredas; porque de Sião sairá à lei, (não do Sinai) e de Jerusalém a palavra do Senhor.

Mq. 4:6 **Naquele dia, diz o Senhor, congregarei a que coxeava, e recolherei a que tinha sido expulsa, e a que eu afligi.**

Mq. 4:7 E da que coxeava farei um resto, e da que tinha sido arrojada para longe, uma nação poderosa; e **o Senhor**

reinará sobre eles no monte Sião, desde agora e para sempre.

Mq. 4:8 E a ti, ó torre do rebanho, **outeiro da filha de Sião, a ti virá, sim, a ti virá o primeiro domínio, o reino da filha de Jerusalém.**

Mq. 4:9 E agora, por que fazes tão grande pranto? Não há em ti rei? Pereceu o teu conselheiro, de modo que se apoderaram de ti dores, como da que está de parto,

Mq. 4:10 **Sofre dores e trabalha, ó filha de Sião,** como a que está de parto; porque **agora sairás da cidade, e morarás no campo, e virás até Babilônia.** Ali, porém serás livrada; ali te remirá o Senhor da mão de teus inimigos.

Mq. **5:1** Agora, ajunta-te em tropas, ó filha de tropas; pôr-se-á cerco contra nós; ferirão com a vara no queixo ao juiz de Israel.

Mq. 5:2 Mas tu, Belém Efrata, posto que pequena para estar entre os milhares de Judá, de ti é que me sairá aquele que há de reinar em Israel, e cujas saídas são desde os tempos antigos, desde os dias da eternidade.

Mq. 5:3 Portanto os entregará até o tempo em que a que está de parto tiver dado à luz; então o resto de seus irmãos voltará aos filhos de Israel.

Mic 5:4 E ele permanecerá, e apascentará o povo na força do Senhor, na excelência do nome do Senhor seu Deus; e eles permanecerão, porque agora ele será grande até os fins da terra.

Mic 5:5 E este será a nossa paz.

Zacarias:

Zec 8:1 Depois veio a mim a palavra do Senhor dos exércitos, dizendo:

Zec 8:2 Assim diz o Senhor dos exércitos: **Zelo por Sião com grande zelo**; e, com grande indignação, por ela estou zelando.

Zec 8:3 Assim diz o Senhor: **Voltarei para Sião, e habitarei no meio de Jerusalém; e Jerusalém chamar-se-á a cidade da verdade, e o monte do Senhor dos exércitos o monte santo.**

Capítulo

Cinco

A OBRA DA IGREJA NA TERRA NÃO CESSARÁ COM O ARREBATAMENTO.

Dizei à filha de Sião: Eis que aí te vem o teu Rei, manso e montado em um jumento, em um jumentinho, cria de animal de carga.

Jesus cristo, O Senhor.

A OBRA DA IGREJA NA TERRA NÃO CESSARÁ COM O ARREBATAMENTO.

A volta do Senhor Jesus a terra será precedida por:

1. Restauração de todas as coisas. At.3:19-22

2. Pleno funcionamento do corpo, conforme Efésios capítulo quatro. (até que todos)

3. O governo da igreja, ou seja: a palavra de ordem saindo novamente de Jerusalém.

Observemos:

1. Tudo converge para Jerusalém. Jerusalém é a cidade do grande Rei, (Mt. 5:35) é o lugar onde a palavra de Deus tem o seu ponto de convergência.

2.As duas testemunhas de Apocalipse 11:1-12. (uma prova de que haverá profetas em Jerusalém nos últimos dias)

3. Observe as palavras de Jesus, Jerusalém abandonada "até quê" Mt. 23:37´39.

4. A presença dos apóstolos no monte das oliveiras no momento da ascensão de Jesus aos céus e as palavras do anjo dizendo a eles: ele "há de vir assim como para o céu **o vistes** ir." Mostram claramente que haverá apóstolos em Jerusalém. Haverá uma igreja com apóstolos, profetas, evangelistas, pastores e mestres em Jerusalém, para recepcionar o grande Rei no seu retorno a terra.

5. Quando a liderança da igreja estiver estabelecida no lugar certo, (em Jerusalém) os cinco ministérios funcionando, então será liberado a chuva temporã e a serôdia no primeiro mês, (*Joel 2: Joe 2:23 Alegrai-vos, pois,*

filhos de Sião, *e regozijai-vos no Senhor vosso Deus; porque ele vos dá em justa medida* **a chuva temporã,** *e faz descer abundante* **chuva, a temporã e a serôdia, no primeiro mês (como dantes).)** e a igreja, então, será arrebatada na maior manifestação de poder que este mundo já viu.

8. A chuva temporã cai em Israel com meses de intervalo entre elas, mas o Senhor promete derramar as duas num único mês, no primeiro, (Março-Abril) A soma do volume de águas das duas chuvas representa a dimensão do poder que será o último avivamento. O último avivamento poderá durar apenas um mês. Joel capítulo dois.

9. A igreja está adormecida. As virgens prudentes tanto quanto as néscias estão adormecidas, embora tenham em suas vasilhas azeite de reserva.

10. Mas há alguém que não pode adormecer: o que vai dar o grito: eis o

noivo. São poucos os que se manterão acordados em meio à letargia.

PORQUE NÃO HÁ APÓSTOLOS, PROFETAS E ANCIÃOS EM JERUSALÉM:

1. Interpretações errôneas das sagradas escrituras têm promovido a fundação de denominações que pregam outro evangelho. Mas não há apóstolos em Jerusalém para ordenar: "saia do meio deles povo meu.".

2. Líderes de diferentes denominações evangélicas, tem se divorciado e se casado novamente, e ainda continuam liderando o povo de Deus. Mas não há apóstolos em Jerusalém para ordenar: tire este iníquo do vosso meio.

3. Milhares de crentes serão deixados para traz no dia do arrebatamento da igreja, porque conforme Lc. 16:18 e Ap. 21:8 os adúlteros não herdarão o reino

de Deus. Mas não há apóstolos em Jerusalém para fazer a palavra prevalecer sobre os que vivem em tais situações.

4. Muitos dos louvores e mensagens proferidos nos púlpitos como "vindos do Senhor" para abençoar o corpo de Cristo têm sido patenteados e comercializados, trazendo riqueza aos que assim procedem. Mas não há apóstolos e profetas em Jerusalém para denunciar: isso é babilônia, é o que está profetizado em apocalipse capítulos dezessete e dezoito. Não façam isso. Saia do meio dela povo meu!

5. A falta de uma direção apostólica segura tem levado muitos pastores abraçarem modelos de liderança prontos, sem questionarem qual é a sua real função no corpo de Cristo. Depois de alguns anos, muita despesa e grandes esforços se veem frustrados por não terem conseguido o mesmo sucesso.

6. Os apelos que certos tele pastores têm feito nos programas de rádio e televisão tem passado para as ovelhas de pastores simples, escondidos nos bairros de periferias, a ideia de que se os crentes não adquirirem os seus produtos e não atenderem aos seus apelos, tais crentes não crescerão na fé. Quem pastoreia uma pequena igreja nessas condições sente o prejuízo, mas não tem ninguém em Jerusalém a quem possa dizer: estou sendo defraudado.

Capítulo

Seis

PALAVRA PROFÉTICA PARA PENSAR E ORAR

Então o Senhor me respondeu, e disse: Escreve a visão e torna-se bem legível sobre tabuas, para que a possa ler quem passa correndo.

Habacuque, Profeta

PALAVRA PROFÉTICA PARA PENSAR E ORAR

Naquela noite, no mês de maio de 2009, em Fortaleza, eu também ouvi no meu espírito as seguintes expressões:

1. O Espírito Santo levará a noiva a clamar: "vem"

2. Observem às coisas loucas, elas confundirão as sábias. Observem às coisas fracas, as fortes serão vencidas por elas. Observem às coisas vis, as desprezíveis e as que não são, elas irão aniquilar as coisa que são fortes e poderosas.

3. Algumas mulheres ao redor do mundo tem se destacado com uma mensagem contundente para a igreja. Na verdade elas fazem isso não porque elas têm um ministério (e realmente tem) no corpo de Cristo, as mensagens dessas mulheres são a voz de clamor da noiva

de Cristo. Quando elas abrem a boca, sob a unção do Espírito Santo, a noiva se expressa através delas. Elas expressam o clamor da noiva.

4. Uma nova luz virá sobre o livro de cantares e os olhos da igreja se abrirão. É nele que se revela o padrão de relacionamento da igreja com o seu noivo.

5. Perguntei ao Senhor: Quem irá a Jerusalém para integrar-se a igreja "modelo"? Ouvi a seguinte resposta: "O Senhor enviará um a um, assim como enviou cada animal, cada ave e cada réptil a Noé para ser colocado dentro da arca".

NÃO PODEMOS ESQUECER

Temos que lembrar, sempre, que:

1. Adoramos a um mesmo Deus.

2. Somos guiados por um mesmo Espírito.

3. Servimos a um mesmo nome.

4. Temos um mesmo livro como regra de fé e prática.

5. Somos um mesmo povo. A geração eleita, o sacerdócio real, a nação santa, o povo adquirido. 1Pe 2:9

6. Não precisamos de mais uma organização com novos estatutos. Só temos que por em prática o que temos em mãos, na Bíblia.

7. Precisamos desfrutar da aliança que temos em Cristo. Trabalharmos unidos no propósito de restaurar o governo da igreja.

8. O alinhamento dos dons ministeriais tem como objetivo principal, o desempenho do ministério individual de cada crente e o crescimento do corpo de Cristo.

Todo universo, tanto o físico quanto o espiritual, funcionam centrados na interdependência e edificados sobre os pilares da autoridade e submissão.

À medida que essas revelações vão entrando em nossos corações nós líderes, deveríamos retirar as placas denominacionais de "nossos" prédios. Os prédios são, na verdade, apenas o local de reuniões dos cristãos.

PREPARANDO-SE PARA O ÚLTIMO AVIVAMENTO

Analise em Lc. 5:36-39

1. Um "vinho novo", uma nova e última unção sobre a pregação do evangelho, está para ser liberado.

2. "Odres novos" precisam ser preparados para receberem o "vinho novo".

3. Através dos anos os "odres novos" envelheceram-se e tornaram-se

semelhantes aos chamados pelo Senhor de "odres velhos".

4. A diferença é que a estrutura que Jesus chamou de "odre velho" chamava-se Judaísmo. Hoje se chama cristianismo, ou "evangélicos".

5. Voltar à prática dos fundamentos apostólicos e proféticos dos cinco ministérios é resgatar mais de 1800 anos de história da liderança da igreja, a nível mundial.

TEMPO PROFÉTICO DA IGREJA NOS LIVROS DE ESDRAS E NEEMIAS

Precisamos conhecer qual é o momento profético que a igreja está vivendo neste tempo do fim.

Todos os pregadores concordam que houve um avivamento na Nação de Israel nos dias de Esdras e Neemias.

É fato bíblico também que para o povo de Israel experimentar um avivamento na sua Nação dois acontecimentos foram primeiramente imprescin-díveis:

1. Neemias restaurou os muros e restabeleceu a ordem na Cidade.

2. Esdras restabeleceu a adoração e o ensino da palavra.

Em Neemias:

Capítulo um: Sabendo do triste estado da cidade de Jerusalém Neemias ora a Deus – Intercessor na brecha pela sua cidade, pelo seu povo.

Capítulo dois: Artaxerxes permite Neemias ir à Jerusalém para reconstruir os muros da cidade – Da oração para a prática.

Capítulo três: Nomes dos que trabalharam na reconstrução dos muros – Deus levanta homens para o trabalho e para a guerra.

Os sacerdotes edificaram primeiro a porta do gado. (3:1) (profético)

Capítulo quatro: Os inimigos pretendem retardar a construção dos muros – Cuidado para não envolver-se com suas mentiras.

Capítulo cinco: Os ricos oprimem os pobres - Uma liderança eficaz resgata o povo da escravidão.

Capítulo seis: Neemias vence a conspiração dos inimigos e conclui a construção dos muros - muita atenção para não ceder às pressões espirituais. (Falsas profecias)

Capítulo sete: Neemias determina a segurança da cidade e dá os nomes dos que voltaram do cativeiro – só pode habitar em Jerusalém quem tem coragem de sair do cativeiro. Os que estão presos aos bens adquiridos em Babilônia não conseguem

Capítulo oito: O povo, aos milhares, se ajuntou diante da porta das águas para ouvir a palavra de Deus (profundamente profético).

Celebra-se a festa dos tabernáculos – A reconstrução dos muros, mais o estabelecimento da segurança e da liderança da cidade, mais o restabelecimento da adoração e do ensino da palavra pelo sacerdote Esdras criaram as condições favoráveis para o avivamento.

Capítulo nove: O povo se arrepende e confessa o seu pecado – avivamento é a manifestação gloriosa do amor e do juízo de Deus.

Ver também: livro de Esdras capítulos 1 a 7 e Ageu 2:9.

Creio ser esta a fase que a igreja se encontra profeticamente e esse é o nosso trabalho: restaurar os muros e o altar. Ou seja: voltar à estrutura dos cinco dons ministeriais dados à Igreja.

A igreja estará completa como corpo quando todos os dons ministeriais estiverem funcionando. Estará pronta para receber o vinho novo; o maior derramar do Espírito Santo de sua história e será arrebatada na maior manifestação de poder que este mundo já viu.

OS CINCO DONS MINISTERIAIS

O remanescente de Israel não cometerá iniquidade, nem proferirá mentira, e na sua boca não se achará língua enganosa; pois serão apascentados, e se deitarão, e não haverá quem os espante. Canta alegremente, ó filha de Sião; rejubila, ó Israel; regozija-te, e exulta de todo o coração, ó filha de Jerusalém.

Sofonias, Profeta

OS CINCO DONS MINISTERIAIS

1. Há diversidade de dons, ministérios e operações, mas é Deus quem opera tudo em todos por meio do Seu Espírito. 1Co. 12: 4-6.

2. Deus dá aos crentes, individualmente, dons espirituais, dons ministeriais e dons para operar certas maravilhas (coisas sem explicações) 1Co. 12: 7-12

3. Os cinco dons ministeriais: Apóstolos, Profetas, Evangelistas, Pastores e Mestres, não estão disponíveis a todos os crentes.

Foram dados à Igreja, como corpo de Cristo e são operados através de pessoas que exercem dons ministeriais, dons espirituais e ou dons de operações, mas não são para todos os crentes. Ef. 4: 8-12.

4. Observe que na "distribuição" dos dons aos crentes; dons espirituais e ministeriais e dos dons de operações em 1Co. 12: 1-12, a expressão usada é: "<u>a um</u> pelo Espírito é dado, <u>a outro,</u> etc., repartindo <u>a cada um</u> como quer." (v. 11) Deus deu dons e ministérios aos crentes, individualmente.

5. Mas em relação aos cinco dons ministeriais, Ele não deu dons, Ele deu pessoas.

Veja: (Ef. 4: 8-12) "Ele (Jesus) mesmo deu". Deu o quê? E a quem? Deu à igreja, uns para..., outros para..., O objetivo é que as pessoas levantadas na igreja com estes dons treinem, respectivamente, os crentes (o aperfeiçoamento dos santos) para trabalharem na obra do ministério, o sacerdócio de todos os santos.

(Veja tabela dos dons ministeriais na bíblia pentecostal página 1729 - CPAD)

6. Os cinco dons ministeriais são, um exemplo, os motores propulsores que fazem todos os demais dons ministeriais (só os ministeriais) funcionar. Eles são a cobertura espiritual e ministerial de todos os dons ministeriais praticados pelos crentes.

7. Estes ministérios foram estabelecidos como fundamentos, para mover, dar sustentabilidade, governar a igreja de Deus na terra. É uma questão de autoridade e submissão.

8. Autoridade e submissão são as colunas mestras, os principais fundamentos sobre os quais todo o reino de Deus se move.

9. A autoridade e submissão dos cinco ministérios não é um sistema humano de chefia, onde o maior e mais forte manda nos mais fracos.

10. É uma interdependência, onde cada um dos; "diversidade de ministérios", ocupa a sua posição no corpo, estando ligado direto ou indiretamente a cada um dos cinco ministérios e ao mesmo tempo, todos eles interligados uns aos outros formando uma grande rede, impulsionada pela ação de cada um dos cinco ministérios.

Quando os cinco dons ministeriais se movem, todo o corpo se move simultaneamente.

11. O crente que não estiver corretamente posicionado no corpo causará um grande desconforto aos demais e prejudicará o aumento do corpo.

12. Essa não é uma composição política, uma hierarquia criada pelo código civil, (os estatutos sociais) ou por uma organização eclesiástica.

13. É um sistema familiar, paternal. Onde cada um ocupa a sua posição no

corpo por escolha de Deus e não sua própria.

EXEMPLO: O homem não é pai porque lhe foi outorgado o direito e a autoridade de pai. O homem é pai porque esta é a sua função desde a sua criação: gerar filhos. Ele não escolheu essa função, Deus o criou e o estabeleceu nessa função e condição. O filho obedece ao pai porque se vê na condição de filho. O pai tem autoridade sobre o filho porque essa é a sua função e não o seu cargo.

O marido não é o diretor presidente do seu lar, ele é a cabeça da sua família, por escolha de Deus, não sua própria. Governar o lar é a sua função não o seu trabalho.

Assim, semelhantemente, acontecem com os cinco dons ministeriais.

13. Os nomes bíblicos dados às pessoas de apóstolos, profetas, evangelistas, pastores, mestres, presbíteros, diáconos, anciãos, não indicam títulos,

tais como os de doutores dados aos advogados, médicos etc. Os nomes indicam a função que cada um deles exerce no corpo de Cristo – a igreja.

14. Autoridade e submissão no exercício dos cinco ministérios são indispensáveis.

15. A autoridade e submissão, porém, não são exercidas mediante coerção, (a chefia de uma empresa, por exemplo) é uma condição natural de interdependência no corpo.

É uma obediência às ordens recebidas da cabeça (Cristo), transmitida aos cinco ministérios que por sua vez transmitem aos demais membros do corpo. (demais ministérios)

Quando os cinco ministérios se movimentam todo o corpo se move conjuntamente e instintivamente. (Ef. 4:15-16)

16. Por isso, o crente que não estiver corretamente posicionado no corpo

causará um grande desconforto aos demais e prejudicará o aumento do corpo.

17. Não se chega a uma das cinco funções por mérito próprio, é uma escolha de Deus. Uma escolha feita não segundo os valores do homem, mas os de Deus.

18. Não é uma posição alcançada pela capacidade adquirida na experiência de vida. É um encargo no qual você se acha envolvido no decorrer da vida.

A - PORQUE PRIMEIRAMENTE APÓSTOLOS

1. Referências bíblicas: Ef. 2:19-3:13, 1Co. 12:28

2. A expressão "primeiramente apóstolos", não pode ser interpretada como sendo o primeiro lugar na hierarquia eclesiástica. Assim como a

expressão: "em segundo lugar, profetas".

Pois qualquer dos cinco ministérios não é uma posição hierárquica, mas uma posição estabelecida por Deus pela necessidade da formação estrutural do corpo. (cabeça, troncos, etc.)

3. Não podemos esquecer que quem exerce essas funções são homens de carne e osso.

Por causa do chamado e dos dons espirituais e capacidades divinas dados aos homens é que alguns deles exercem tais funções.

1Co 4:9 Porque tenho para mim, que Deus a nós, apóstolos, nos pôs por últimos, (...).

1Co 4:13... Somos considerados como o refugo do mundo, e como a escória de tudo.

4. Os dons espirituais e ministeriais e suas operações são para todos os membros do corpo de Cristo, mas estes cinco dons não são para a maioria, são para aqueles aos quais, Deus na sua sabedoria, tem escolhido. "Ele mesmo deu uns para...".

5. A palavra "apóstolo" significa: enviado, missionário. É uma pessoa enviada a algum lugar com uma missão específica.

6. Jesus, o nosso exemplo maior, é o apóstolo de Deus enviado ao mundo com uma missão específica: salvar o mundo e estabelecer o Reino de Deus nos corações dos homens. (Hb. 3:1, Jo. 3:16)

7. Jesus treinou doze homens e os enviou ao mundo como os seus apóstolos para proclamarem os seus ensinos e estabelecerem a igreja que é o seu corpo. "Assim como o pai me enviou, eu também vos envio" (Jo. 20:21).

8. O Espírito Santo foi enviado aos homens para guiá-los à verdade e para dar continuidade à obra de edificação da igreja, para isso Ele continuou chamando homens para exercerem os ministérios iniciados através dos apóstolos do Cordeiro de Deus. (At. 13:1-4)

9. Precisamos considerar natural e de certa maneira até lógico, que na sequência natural das coisas, seja necessário o Espírito Santo, antes de tudo, chamar e enviar homens com unção apostólica. Pessoas que, pelas suas experiências de vida com Deus, tenham habilidades e dons espirituais para:

1. Transmitirem aos incrédulos a mensagem do evangelho – (Evangelistas).

2. Tenham uma palavra de exortação e consolo para os crentes (Profetas).

3. Ministrem um ensino claro e puro das doutrinas bíblicas (Mestres).

4. Saibam manter a unidade do grupo e cuidar individualmente dos crentes (Pastores).

5. Aquele que está apto para exercer todas essas responsabilidades está, conforme entendemos pronto para ser estabelecido na função apostólica. (2Tm 2:15)

10. A citação dos ministérios, na sequência em que aparece no texto de 1Co. 12:28, não indica uma hierarquia entre eles. A mesma verdade está inserida no texto de Ef. 4:11-12.

A sequência está de acordo com o andamento natural do ministério de uma igreja local, era o caso da igreja de Corinto, ou seja:

11. Pessoas que tem habilidades e dons espirituais para atuarem nos dons ministeriais de profeta, evangelista,

pastor e mestre são enviadas na função apostólica para plantar, fundamentar e fortalecer igrejas. (*1Co 12:28 E a uns pôs Deus na igreja, primeiramente apóstolos*) (*At.15:41*).

12. Os profetas vêm na sequência com a mensagem de exortação e consolação para o povo.

13. Os mestres vêm em terceiro lugar para ensinar, explicar ao povo as verdades pregadas pelos apóstolos e profetas.

14. Os pastores cuidam do rebanho e administração da igreja local juntamente com os presbíteros, diáconos e outros.

15. Os evangelistas são responsáveis pela evangelização das Cidades onde as igrejas são estabelecidas.

16. Diante do exposto fica mais compreensível o texto a seguir:

1Co 12:27 Ora, vós sois o corpo de Cristo, e individualmente seus membros.

1Co 12:28 E a uns **pôs Deus na igreja**, **primeiramente** apóstolos, em **segundo lugar** profetas, em **terceiro** mestres, **depois** operadores de milagres, depois dons de curar, socorros, governos, variedades de línguas.

1Co 12:29 Porventura **são** todos apóstolos? **São** todos profetas? **São** todos mestres? **São** todos operadores de milagres? (Apóstolos, Profetas, Evangelistas).

1Co 12:30 **Têm** Todos (Os crentes) dons de curar? **Falam** todos (Os crentes) em línguas? (Os crentes) **interpretam** todos?

B – OS FUNDAMENTOS DOS APÓSTOLOS E PROFETAS

1. Cada um dos cinco ministérios é único e específico na sua função. Na prática, porém, nenhum deles é independente. No entanto, o único que serve aos demais é o apóstolo. Em alegoria é representado pelo dedo polegar, o servo menor que serve aos demais.

Ef 2:18 porque por ele ambos temos acesso ao Pai em um mesmo Espírito.

Ef 2:19 Assim, pois, não sois mais estrangeiros, nem forasteiros, antes sois concidadãos dos santos e membros da família de Deus,

Ef 2:20 (Nós os concidadãos dos santos e membros da família de Deus somos)

edificados sobre o fundamento dos (primeiramente) *apóstolos e dos* (em segundo lugar) *profetas, sendo o próprio Cristo Jesus a principal pedra da esquina;*

Ef 2:21 *no qual todo o edifício* (todos os santos, independente da posição ou lugar que cada um ocupe no corpo, estando) *bem ajustado cresce para templo santo no Senhor,*

Ef 2:22 *no qual também vós juntamente* (com os apóstolos, profetas, evangelistas pastores e mestres) *sois edificados para morada de Deus no Espírito.*

Ef 3:1 *Por esta razão eu, Paulo, o prisioneiro de Cristo Jesus por amor de vós gentios,*

Ef 3:2 *Se é que tendes ouvido a* **dispensação** *da graça de Deus, que para convosco me foi dada;* (Paulo está dizendo: Deus me deu para entregar a vocês).

Ef 3:3 *como pela* **revelação** *me foi manifestado o* **mistério,** *conforme acima em poucas palavras vos escrevi,*

Ef 3:4 *pelo que, quando ledes, podeis perceber a minha compreensão do* **mistério** *de Cristo,*

*Ef 3:5 o qual em outras gerações não foi manifestado aos filhos dos homens, como se **revelou agora no Espírito aos seus santos apóstolos e profetas**,*

*Ef 3:6 a saber, que os gentios são **co-herdeiros e membros do mesmo corpo** e co-participantes da promessa em Cristo Jesus por meio do evangelho;*

*Ef 3:7 do qual **fui feito ministro**, segundo o dom da graça de Deus, que me foi dada conforme a operação do seu poder.*

*Ef 3:8 A mim, o mínimo de todos os santos, me foi dada esta graça de anunciar aos gentios as **riquezas inescrutáveis** de Cristo,*

*Ef 3:9 e demonstrar a todos qual seja a **dispensação do mistério** que desde os séculos esteve oculto em Deus, que tudo criou,*

Ef 3:10 para que agora (tendo sido recebido pelos apóstolos e profetas e ensinado à igreja) **seja manifestada, por meio da igreja**, *aos principados e potestades nas regiões celestes,*

Ef 3:11 segundo o eterno propósito que fez em Cristo Jesus nosso Senhor,

Ef 3:12 no qual temos ousadia e acesso em confiança, pela nossa fé nele.

2. Conclui-se:

Primeiro: Deus estabeleceu o ministério apostólico e são os apóstolos e os profetas que recebem as revelações que o Senhor quer que sejam ministradas aos homens.

Ef 3:5 **revelou agora no Espírito aos seus santos apóstolos e profetas.** *Amo 3:7 Certamente o Senhor Deus não fará coisa alguma, sem ter revelado o seu segredo aos seus servos, os profetas.* O profeta precisa dizer ao apóstolo o que ele está ouvindo de Deus e o apóstolo precisa dizer ao profeta o que é que ele está vendo.

Uma revelação é a união do que se vê no espírito com o que se ouve com os ouvidos espirituais.

A revelação de Cristo aos homens, portanto, foi completa: os homens O ouviram e viram-no, aleluia.

Segundo: Os mestres devem se debruçar sobre as revelações transmitidas pelos apóstolos e profetas, compará-las com a palavra escrita e ensiná-las de forma clara e firme à Igreja.

Terceiro: Os pastores devem aprender e ensinar as mesmas doutrinas e manter o rebanho em unidade e concordância com as verdades ensinadas.

Quarto: Os evangelistas devem proclamar a mensagem e as doutrinas da palavra em concordância com os fundamentos (doutrinas) lançados pelos apóstolos e profetas.

Observação:

Nenhum dos ministérios ou ministros é, individualmente, canal exclusivo de comunicação de Deus com o seu povo.

Uma mensagem só é autêntica e completa se estiver em linha com a palavra escrita (toda a bíblia) e se os cinco ministérios derem a ela uma mesma interpretação.

SOBRE A IMPLANTAÇÃO DESTES MINISTÉRIOS NA IGREJA DO SÉCULO XXI

A reestruturação, ou retorno da igreja aos padrões de liderança apostólicos do século I é uma árdua e delicada tarefa para homens maduros e experimentados no exercício da própria função que eles desejam ver restruturadas.

Creio que em momento algum, na história da igreja, o Senhor Jesus deixou de estabelecer apóstolos, profetas, pastores e mestres, porém as trevas cegaram os olhos da igreja e por centenas de anos não se foi possível ver isso.

Nos últimos dias o véu está sendo tirado e a igreja já começa a ver no espelho da palavra a anatomia do seu próprio corpo, o corpo de Cristo.

I Co 12:18 Mas agora Deus colocou os membros no corpo, cada um deles como quis.

Essa responsabilidade de promover o conhecimento e aceitação pela igreja da restauração destes ministérios, não pode ser atribuída a homens neófitos na fé, recentemente plantados no ministério, para que não se ensoberbeçam e caiam na condenação do diabo – ele contemplou a sua própria formosura e achou que era o que não era.

1Ti 3:6 não neófito, para que não se ensoberbeça e venha a cair na condenação do Diabo.

É função de uma Igreja local pôr à prova os que se dizem apóstolos.

A. PRINCÍPIOS IMPORTANTES.

Creio que os princípios abaixo relacionados são imperativos na formação da liderança da igreja:

Aos pecadores Jesus disse: vinde a mim. *Mat 11:28 Vinde a mim, todos os que estai cansados e oprimidos, e eu vos aliviarei.*

Aos discípulos Jesus disse: vinde após mim. *Mat 4:19 Disse-lhes: Vinde após mim, e eu vos farei pescadores de homens.*

Aos apóstolos Jesus disse: ide em meu nome. *Mat 28:19 Portanto ide, fazei discípulos de todas as nações, batizando-os em nome do Pai, e do Filho, e do Espírito Santo.*

Há uma considerável diferença e um treinamento diferenciado entre estes três grupos que não pode ser ignorado.

Precisa-se, considerar, os diferentes grupos que comparecem e os que não comparecem nas conferências de treinamento de liderança que tratam deste assunto:

Grupo 01: "Curiosos." São pessoas desinformadas e desinteressadas na visão apostólica dos cinco ministérios.

São pastores, líderes, crentes em geral e até não-crentes (convidados pelos crentes). Tudo que esse grupo de pessoas quer é um bom culto, um louvor animado, uma boa palavra (não importa o tema da conferência), ser embriagado com o Espírito Santo e voltar para casa dizendo: uau! A conferência foi maravilhosa, tal reunião foi a melhor de todas!

Grupo 02: Os que precisam receber. São pastores cabeças de ministérios. Os pastores auxiliares, os presbíteros, diáconos e demais líderes de uma igreja não tem autonomia nem autoridade para implantar nenhuma mudança na sua igreja, só os pastores cabeças de ministérios têm autoridade para isso.

Os que precisam receber são pastores seniors, (pastor titular) esses não receberão de quem julgam não ter autoridade para dar. Não receberão de preletores sem experiências no que ensinam.

Grupo 03: Os que precisam dar.

Esses não poderão dar se não receberem de Deus um chamado para isso.

Quem recebe de Deus um chamado recebe também uma visão mais ampla, mais completa sobre o que precisa ser ensinado, esses tem mais a dar que os que descobrem por investigações e estudos teológicos. Portanto, não poderão dar se não forem chamados por Deus para dar.

Grupo 04: Os que deveriam dar.

São líderes estabelecidos há décadas em posições de liderança em suas denominações.

É indiscutível que a maioria, senão todos esses homens e mulheres de Deus já exerciam parcialmente tais funções antes mesmo de serem reconhecidos como tais, mas dar a eles um título de apóstolo não garante que sua denominação funcione como uma igreja dentro da visão dos cinco ministérios.

TEMOS RECEBIDO O QUÊ?

O que temos recebido? Uma visão, ou uma missão?

Uma visão sem uma missão não passa de um sonho.

Uma visão com uma missão é um ato de fé.

Uma missão sem cumprimento da tarefa, sem um trabalho executado não passa de um passeio, um turismo.

Um trabalho executado é o cumprimento de uma missão, um benefício, um legado para a igreja e para a humanidade.

Se tivermos apenas uma visão dos cinco ministérios a proclamação dessa visão pode causar mais males que bem à igreja. Os líderes, aos quais desejamos contar a nossa visão, poderão nos ver como sonhadores que falam e nada fazem.

Se temos a missão de plantar os cinco ministérios então temos que considerar:

Quais e que tipo de líderes desejamos alcançar.

Como iremos alcançá-los?

O que faremos para ajudá-los a plantar os cinco ministérios na sua igreja. Obs. No contexto dos cinco ministérios considero uma denominação inteira como igreja local, não simplesmente a igreja da vila.

O que faremos para consolidar os ministérios plantados? 8. Creio que nenhum de nós entregaria a construção de um prédio de 50 andares a um grupo de pedreiros sem antes contratar uma Equipe de engenheiros, arquitetos e técnicos altamente qualificados. O Senhor Jesus faria o mesmo com a sua igreja.

SEGMENTOS A CONSIDERAR

Há dois grupos de igrejas a considerar:

•Igrejas existentes.

•Igrejas a serem plantadas.

Aos pastores das igrejas existentes, deve ser ensinada a visão dos cinco ministérios.

Esses pastores, depois de serem instruídos, devem ser desafiados a orar e planejar a plantação dos cinco ministérios nas suas igrejas, ou denominações.

Deve-se oferecer a esses pastores treinamento específico e ajuda prática na transição, implantação e manutenção dos cinco ministérios.

As novas igrejas já devem ser plantadas dentro da estrutura dos cinco ministérios

Os pastores que abraçarem os cinco ministérios podem ser organizados por Cidade, comarca ou região, formando uma "Rede de Ministros Plantadores de

Igrejas com a visão dos cinco ministérios.".

Obs.: Penso que uma coalizão apostólica cumpriria esse quesito.

A seguir, um exemplo bíblico de como pastores pode trabalhar em equipes:

Texto: Lucas. 2:8-20 – O campo distribuído por comarca:

1. Pastores da mesma comarca. V.8

2. Cada um guardava o seu próprio Rebanho. V.8

3. Estavam unidos nas vigílias por seus rebanhos. V.8

4. Porque estavam unidos num mesmo propósito e

num mesmo local:

a) Todos tiveram uma mesma visão.

b) Viram os mesmos anjos.

c) Ouviram uma mesma coisa

d) Tiveram um mesmo temor

e) Receberam uma mesma mensagem

f) A glória do Senhor envolveu a todos

g) Unidos na missão - *Lc. 2:15 Vamos já até Belém*

h) O sinal lhes foi confirmado. - *Lc. 2:16 acharam Maria e José, e o menino.*

i) Pregaram (divulgaram) uma mesma mensagem - *Lc. 2:17 e, vendo-o, divulgaram a palavra.*

j) Todos se maravilhavam com o que os pastores diziam – V.18

As boas novas são para todo o povo.

Voltaram os pastores glorificando a Deus – V.20

O povo é de Deus, mas o rebanho é de respon-sabilidade do pastor. Cada pastor deve assumir a responsabilidade pelo seu próprio rebanho.

MINISTÉRIOS DA IGREJA LOCAL DENTRO DOS CINCO MINISTÉRIOS.

Todos os ministérios da igreja local operam integrados uns aos outros e alinhados respectivamente a cada um dos cinco.

A pessoa nunca deve buscar o destaque pessoal ou promoção do ministério no qual ela serve.

Qualquer que seja a atividade, programação, ou serviços a ser realizado na igreja, o obreiro deve ter sempre em mente que é a sua responsabilidade fazer a sua parte, enquanto os demais também estarão fazendo a deles para que o objetivo final seja alcançado. O cumprimento dos objetivos depende da cooperação entre as equipes e do desempenho individual de cada um.

O alinhamento dos dons ministeriais tem como objetivo principal, o desempenho do ministério individual de cada crente e o crescimento do corpo de Cristo.

Nenhum dos cinco dons ministeriais é completo sem a participação ativa dos outros quatro. Isso também é verdadeiro com qualquer dos, "variedades de ministérios". (1Co. 12:5)

Todo universo, tanto o físico quanto o espiritual, funciona centrado na interdependência. Edificado sobre os pilares da autoridade e submissão.

Os ministérios de uma igreja local precisa paulatinamente serem alinhados a um dos cinco dons ministeriais.

À medida que os crentes forem estabelecidos em suas respectivas funções, cada crente descobrirá verdadeiramente o lugar dele no corpo Cristo.

E você? Tem certeza que está desempenhando a função para a qual voce foi criado no corpo, ou ainda está tentando se adaptar a uma função que foi dada a outro membro?

Made in the USA
Columbia, SC
17 September 2022